JN439738

얼토시 · 7

모든 사물의 밥이 되어

책펴냄열린시

얼토시 7

모든 사물의 밥이 되어

지은이 오정환 외
펴낸이 최명자

펴낸곳 책펴냄열린시
주　소 부산광역시 중구 중앙동 3가 14-1번지
전　화 051-464-8716
출판등록번호 제 02-01-256호
출판등록일 1991년 2월 4일

인쇄일 1판 1쇄 2013년 3월 2일
발행일 1판 1쇄 2013년 3월 5일

값 8,000 원

ISBN 978-89-87458-76-2 02810

책머리에

이 시대 혼란을 위해

자고 일어나면 쏟아지는 신기록들의 홍수 속에 살고 있다.

살인적인 더위를 견디고 나니 연속으로 3개의 태풍이 휘몰아쳐 왔고 몇 십년 만의 폭설과 끔찍한 한파에 세상이 꽁꽁 얼어붙었다. 지구온난화에 따른 기상이변이 전 지구를 충격과 불안 속으로 빠져들게 하고 있다. 문명이 결국 인간을 위협하고 있는 것이다.

지진이나 전쟁 각종 테러 등의 사건들이 하나같이 모두 초대형으로 터지다보니 웬만한 사건들엔 이제 놀라거나 관심도 무뎌지게 되어가는 것 같다.

더욱 더 세게 더욱 더 많이 더욱 더 자주 충격적인 일들이 벌어지다 보니 모든 형식의 표현방법이 극단적으로 치닫는 것 같다. 충격요법도 이제는 그 약발이 갈수록 떨어지는 지경에 까지 이르렀다.

다시 얼토 7집을 내놓는다. 해를 넘기긴 했지만 이 작업이 언제까지 계속 될 지는 알 수 없다. 시집과 각종 시전문 잡지들이 거의 홍수처럼 쏟아져 나오는 와중에 동인지까지 나서 한몫 거드는 것은 아닌지 우려가 된다. 2007년 처음 모임을 시작할 당시 무슨 거창한 구호를 내건 것도 없었고 특별한 시도를 계획하며 출발한 모임도 아니었지만 벌써 7집까지 내고 보니 나름대로 감회가 새롭다. 또 한분이 빠지게 되어 맥이 풀리지만 앞으로도 이런 작업은 꾸준히 이어나갈 생각이다.

시가 이 시대의 혼란을 구원할 수 있다는 믿음이 갈수록 절실해 지고 있다. 시인들 스스로 격려해 주고 시인들 스스로 위로해 주는 그런 봄이 오고 있다. (강경주)

얼토 7
2013

얼토詩 · 7-모든 사물의 밥이 되어

강경주 편

강영환 편

오정환 편

초대시

이 응 인
권 정 일

늙은 농부가 쓴 시 외 1편

이응인

정조 연간에 문무자文無子 이옥이 시골 농부에게 들었다는데 유두올벼는 까끄라기가 붉은데 가장 먼저 여물지요. 밤올벼는 까끄라기가 없고, 얼음풀이올벼는 마디 사이에 약간 검은 빛이 돌고요, 지마올벼는 껍질이 희고, 보리올벼는 바리아라고 하고, 각시올벼는 마디와 껍질이 모두 희지요.

가배찰벼는 반점이 있어 메추리찰벼라고도 하고, 정금찰벼 각시찰벼는 쌀알이 올벼처럼 희고요, 돼지찰벼는 까끄라기가 검어 까마귀찰벼라고 합지요. 왜찰벼란 놈은 허리가 길쭘해 메추리찰벼와 닮았고, 꾀꼬리찰벼는 황정색입지요. 구렁이찰벼는 얼룩 반점이 있고, 비단찰벼는 코끼리털찰벼라고도 하고요, 푸른물찰벼는 얼룩 반점이 있습지요.

올정금벼, 늦정금벼, 흰녹두벼, 옥녹두벼 희고, 오대추벼, 대추벼, 중달대추벼, 거올대추벼, 홍도벼 붉고, 능터지기벼 섭실 앏고, 시나비 일찍 여물고, 강올벼 늦고, 밀따리벼 쌀 좋고, 두충벼 붉고, 천상벼 희고, 옥산벼, 거올산벼, 올산벼 마른 땅에 심어…….

1987년 무크지 《전망》 등단. 시집 『투명한 얼음장』, 『따뜻한 곳』, 『천천히 오는 기다림』, 『어린 꽃다지를 위하여』, 『그냥 휘파람새』 등, 밀양문학회, 경남작가회의, 한국작가회의 회원.

거기

그게 꽃이어서
아름다웠던 적 있었지.
세상 어느 구비에서도 만나기 힘든
꽃이어서 더 황홀했지.
이제는 아니다.

꽃 아닌 잎이라도
떨어져 멍든 열매라도
가만히 들여다보면
그 속에 또 꽃이 있다.

우주의 빈자리 어디나
묵묵히 서 있는 것들은
그냥 눈이 시린
비밀이 있다.

파프리카 소파 외 1편

권정일

소파는「원초적 본능」티브이에 사로잡힌다
지구촌 어디나 육체는 상상력을 단련하고
사랑은 왜곡되고 맨살은 미각을 위해 튀겨진다

소파는 티브이 드러난 가슴과 미니스커트를
주방과 침대에 두고 싶어 한다

실시간 생방송 되는 미각을
혓바닥으로 눌러보고
빗장뼈를 뽑아 대어보고
찔러보고 바꿔보고
아무것도 안할 수 있는 침묵이 취미다

소파와 티브이는 서로를 비추기만 한다
그 사이

화초는 곁가지를 치고
재활용은 쌓이고

제임스본드는 계속 007 주연이고
톰은 제리를 잡는데 성공하지 못한다

소파는 티브이에게 지퍼를 채우고
티브이 속으로 분주하게 걸어 들어간다

1999년 《국제신문》 신춘문예 등단. 시집 『마지막 주유소』, 『수상한 비행법』. 부산 작가상 수상, 제1회 김구용 문학상 수상.

브로콜리 티브이

티브이는 소파를
에로틱하게 지피지만
잘 타지는 않아

엉덩이에 납작하게 접혀있던
소파가 늙어가기 시작해

한 단어 음성으로!
밥 · 응 · 도 · 시 · 라 · 솔 ·

티브이는 사과를 맵시 있게 돌려 깎고
소파는 감자 껍질을 벗긴다

저울은 언제나 0을 유지하지만
감자를 올려놓으면 눈금은 사과를 가리킨다

감자와 사과 사이
저울과 눈금 사이

엑스레이 뼈대처럼 선명한 소파 관절에서
Z Z Z 끝나지 않을 생방송 러브스토리

정대현

斷章 · 94 외 9편

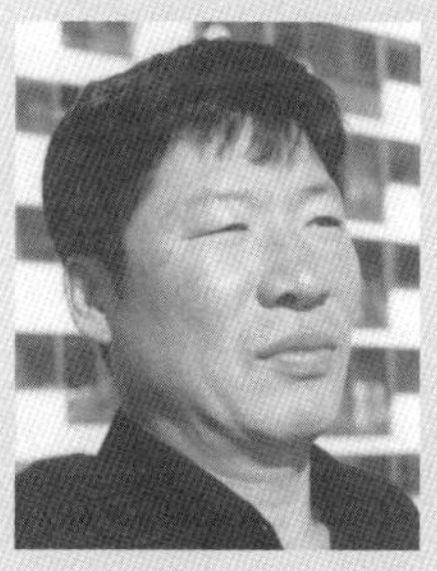

부산 출생. 1974년 《현대시학》 등단. 시집 『나는 지금 추억이 되고 있다』 외 1권

斷章 · 94

밥이 된 밥의 슬픔을 뉘 알랴.
김치가 된 김치의 슬픔을 뉘 알랴.
뉘 알랴, 뜨겁게 출렁이는 네 피의 목마름을
다만 그대 이름으로 무동 태우며
지나가는 바람의 자비로움과
모든 평화로운 힘들로
그대 완전한 피의 어둠을 꾸며본들,
가엽다.
밥이 된 밥
김치가 된 김치.
내 찬란한 숙취의 房이여,

斷章 · 95

아무 기다림이 없다는 것이
얼마나 힘든 시간인가를
한번 생각해 봤다.

달빛은 늘 물로 가득 차고

생각하는 것들 중에서
기다림을 생각하지 않으려는 최후의 주인이 되려는
그 치열한 노력을 향해 씹히고 있는 변함없는 시계소리.
그 당연성, 혹은 위대성이
정말 즐겁지 않나, 이쁘지 않니.

그러므로
나는 늘 물로 가득차고,

斷章 · 96

(오늘은 낮술을 마시기로 결심했다. 이른 새벽, 눈을 뜨면서 문득 그동안 無情하게 대했던 낮술에게 진실로 나의 미안함을 빌었다.)

책을 보면서 이처럼 커피를 마시는 건
그 캄캄한 빛 때문이다.
그러나 그 캄캄함이, 그 무거운 눈빛이 찾아가는
食道, 胃, 大腸의 캄캄함은
도대체, 무엇의 캄캄함으로 밥 먹으며 살까.

술은 고요해서 아주 좋고
고요한 만큼 목 죄이는 이 詩 작업,
그래 꿈이나 꾸자, 꿈.
謀反을 모르는 오, 낮술君, 그대
개꿈 만세.

斷章 · 97

잠이 오고 있는 구나.
모든 생각은 갈 곳을 잃어
자기의 정처 없음으로 내 생각을 대신하고,
항상 넉넉한 바람의 知性
술판은 늘 불편해서 즐겁다.

그러나 즐거움은 비어 있다.
그 빈터에 앉아
詩를 쓰던
코를 풀던
물구나무를 서던
어둠에 拷問을 당하던…….

斷章 · 98

1.
말의 침묵, 침묵의 말,

지금은 말의 침묵이 왕성할 때
지순할 때
침묵은 소리의 核이 될 것.
核은 다시 核의 미망인이 될 것.

그러므로
그러므로

나는 내 낱말의 蟲齒
蟲齒의 기둥서방이라니까.

2.
침묵이 버린 말을 찾기 위하여
침묵이 버린 말을 줍기 위하여
아시나요, 열이홉에 죽은 누이의 숨결은

지층으로 제 살의 뿌리를 뻗고 있고
십자가와 못의 和姦, 십자가와 피의 和姦
그러므로 결백한 시간의 공포,
증오, 그러나 다시 아시나요
저희 생존을 확인하기 위해
우리의 불신임을 결의하는 우리의 침묵을.

아 아 건강한 내 침묵의 夢精이여.

斷章 · 99

부활을 못질하고
부활의 72시간을 못질하고
피를 못질하고
떠도는 구름의 曲調뿐인 그대 튼튼한
못의 지붕 위로
사흘 굶은
은전 삼십량의 눈물, 약간의 소금기만 취할 수 있다면
모든 사물의 밥이 되어
밥의 고마움을 잘 아는
그대 남루한 포도주의 꿈이나 꾸어봄이 어떤가.
詩君!

斷章 · 100

술을 마실 때
나를 속이지 않고
생각을 속이지 않고
이를테면 욕심을 버리고 술만 마시면 될 일인데
부끄럽구나, 술잔이여
부질없이 명품 맛만 꿈꾸는
오늘 밤은
너무 어두워
숨을 곳도 없구나
보이는 것도 없구나.

斷章 · 101

나는 지금
무엇이 되어 깨어 있는가
물을 마시며
시간을 마시며
지금 나는
누구의 수명이 되어 깨어 있는가

슬퍼하지 못하는 슬픔,
기뻐하지 못하는 기쁨을 안고 안은
그 우둔함의 허전함,
그 기다림의 안녕으로 깨어 있는가.

斷章 · 102

저 금정산 800미터를 용서하라.
아른 새벽
비어 있는 밥상의 꿈을 위해
지난 밤
내가 죽인 한 편의 詩가
창 틈으로 스며드는 몇 개의 별빛과 함께
높은 산과 낮은 산,
큰 활자와 작은 활자,
흐르는 물과 고인 물의 안부를 차별없이
걱정할 동안,
그렇지
나는 다만 이 도시의 이목구비가 되어
그대를 바라볼 뿐이니
용서하라
이 새벽 도시를 용서하고
이 한 잔 막걸리를 용서하라.

斷章 · 103

나는 오늘 무엇을 보았고,
들었고, 말했으며,
또 무엇을 보고, 듣고, 말하려 하고 있는지

보이는 것과 보이지 않는 것,
들리는 것과 들리지 않는 것,
말하는 것과 말이 없는 것이
과연 무엇으로 구별되고
증명되고 있는지 알고나 있는지,
그렇다면 내가 보고 듣고 말했다는
그 시간들은, 그 살아 있었다는 시간들은
갈 데 없는,
어찌 할 수 없이 세상 밖으로 떠돌수 밖에 없었던
모든 있음과 없음의 이방인이 된 내가 아니고
무엇이겠는가.

〈시작노트〉 더 절실한 아픔으로

걷기도 밥을 먹기도, 아니 숨을 쉬기도 힘들 정도로 아픔이 심해 병원에 갔다가 생각지도 않게 병원 중환자실에서 이틀을 보냈는데 그곳에서 다른 환자 보호자들의 마음고생은 감히 내 입에서 오래 전 9여년 동안 내가 경험한 내 허리 아픔의 마음고생이라는 소리가 나온다는 것은 너무 행복한 나만의 지나친 사치임을 난 인정하지 않을 수 없었다.

짧게는 2~3년, 길게는 10년 넘게 식물인간(?) 곁에서 어떤 기적을 바라며 그들이 보내는 세월, 그 많은 세월 속에서 그들이 바라는 것은 단 하나, 오직 아픔이었다.

뺨을 때리고, 꼬집고, 손목을 잡고 흔들고, 비틀고, 코, 귀를 잡아당기는 그들의 일상은 오직 아프다는 환자의 한마디 비명소리였다.

그에 비하면 난 얼마나 행복한가.

꼬집지 않아도 내 스스로 느끼는 아픔의 이 살아있는 삶, 따라서 내 건강을 위해서도 난 더 아파야 하고 내 詩도 더 절실한 아픔으로 태어나야 한다.

그렇다. 아프다는 것은 참을 수 없는 자기만의 행복이니까.

강경주

사람 人 외 9편

경남 김해 출생. 1989년 《현대시학》으로 등단. 시집 『노 섹스데이』 외 1권. khankj@hanmail.net

사람 人

쇠기러기떼 한 무리
텅 텅 빈 겨울
저녁 하늘을 가고 있다

옆으로 누운 사람 人
자字를 쓰며 길게
날아가고 있다

높이 일어서기도 하고
곤두박질치기도 하며
사람 人 자字 한 무리
사라지고 있다

고막

뼈와 뼈 사이
북이 걸려 있어
바람만 스쳐도 북들이 운다

울음은 서로 저마다 다른 북채를 쥐고 있어
가죽을 두드리며 터져 나오는
비명소리의 그 높이나 색깔이 다 다르다

공기는 수억 만 년 말들이 지나다니던 길
허공에도 빽빽하게 귀가 달려있어
온갖 꿈들이 쏟아내는 소음
어두운 동굴 속을 내달리고 있다

가죽과 가죽 사이에
무덤 하나 걸려 있어
바람만 스쳐도 전신의 뼈들이
다 일어선다
둥 둥 둥
북들이 운다

유등流燈

빈 등에 불을 켜는 것
축제의 시작입니다

불을 켠 등들이
한꺼번에 하늘로 날아오르는 것
축제의 절정입니다

등불이 흘러가는 구비 구비마다
그림자들이 다리를 놓아
파도가 맨발로 어둠을 건너가는 것
축제의 끝입니다

살아있는 사람들은 모두 한 번씩 풍등風燈을
날립니다
꺼질락 말락 바람 앞에서 자지러질 때 쯤
그을음 앉은 얼굴들끼리 서로
마주 앉게 됩니다

축제란 것이 또 모두 처음에는 그렇게
차가운 물이었다가
뜨거운 물이었다가
공중에서 높이 사라지는 빛이었습니다

맨드라미
—Occupy Everywhere, 모든 곳을 점령하라

분노를 품고 핀 꽃에서는 늘
1%의
피 냄새가 났다

뜨거운 여름 햇볕으로 입은
99%의
전신 화상火傷

흉터는 썩지 않으며 문드러지지도 않아
전쟁터에서 핀 꽃들에서는 늘
닭 울음소리 들렸다

〈시들지 않는 사랑〉*

맨드라미 꽃대 빽빽이 차고 넘치는
세상의 옆구리로 그 옆구리로
익지 않은 검은 씨앗들 터져나왔다

점령지의 꽃들은 모두
동물적으로 피고
짐승처럼 진다

곶감

피가 마르고
살이 마른다

가죽이 다 벗겨진
알몸뚱이
한 가닥 실에 꿰인 채
줄줄이 능욕을 당하고 있다

얼렸다 녹였다를 반복하며
잠도 재우지 않은 채
혼쭐을 빼는
육탈의 긴 시간

뼈마디 마디 다 녹아내린 다음
얼굴 몰골 다 허물어지고 난 다음

쭉 쭉 찢어서 씹어 먹는
저 혼비백산魂飛魄散의

반성문 한 줄

꿀맛이다

44번 출구 앞

환승을 한다
한 번도 가보지 못한
가깝고 먼 역을 향해
또 환승을 한다

전속력으로 달리는 직사각형의
붐비는 철제 관棺속에서
손잡이마저 놓친 채 이리 밀리고 저리 쏟아지며
빠져나오는 한낮

"환승입니다"
낮고 어두운 안내음이 뒷통수에 꽂힌다

짧고 또 긴 환승의 끝
하늘정원 역 44번 출구 앞
새 희망 요양병원
입구 표지판이 화장장 화구처럼 펄럭이고 있다

한 구름에서 내려 다른 한 구름으로 안개들이 길게
옮겨 타는 역사 너머 높이에서
구름다리가 또 한 번 출렁 돌아눕는다

우화羽化

더 애절하게 울기 위해
더 비통하게 자지러지기 위해
나는 알을 깨고 나가지 않았다

자폭테러단처럼
온 몸에 울림통을 묶어 매단 채
뜨거운 여름 한복판에서 연쇄폭발했어야 했다

남겨진 시간이란 3주일뿐
사랑을 잃은 외로움에 1주일 울어야 하고
사랑에 속은 배신감에 1주일 또 까무러쳐야 하며
헤어날 수 없는 그 사랑의 열병에 마지막 일주일을 나는
밤낮 통곡해야 한다

울음은 내 사랑의 천적
땅속 깊은 곳에서 천천히 천천히

몸을 바꾸고 있다
등을 쪼개듯
해골을 바르듯
허물을 벗고 있다

낮잠

흑백영화 한 편
보았습니다

짤막짤막한
줄거리

토막토막 난
장면들

느리게 느리게 흘러가는
무성영화 한 편
보았습니다

시작부터 끝까지 화면 가득
굵은 비가 쏟아지는
살아있는 다큐멘터리 한 편
보았습니다

그리운 움막집

월세 8만원
반지하 2층
5평 좁은 방 가득
10년 넘게 텐트 하나 쳐져 있다

거적을 얹듯
진흙을 덮듯
마른 짚단같은 몸 편 다음
어깨며 팔 다리 머리 최대한 둥글게 말아 오그린 채
잠이 들고
잠이 깬다

텐트를 흔드는 바람소리가 위로가 되었으리라
낡은 관절들이 삐그덕거리며 따라와
또 눈물 반 협박 반
화해를 청했으리라

외로움보다 더 허기보다 더 참을 수 없는 것
왜?
하필 내가 왜?
내가 뭘 어쨌길래?

대답처럼 술병들이 쓰러져 간다
술병처럼 텐트도 무너져 간다

숲속의 체육관

오래전에 보이지 않던
그림자 하나
어둠속에 비스듬히 발을 걸고
윗몸 일으키기를 하고 있다

그림자가 일어났다 누웠다를 반복하는 동안
그네는 한 걸음도 나아가지 않았다
그네줄이 걸린 허공 사이를
청설모 검은 꼬리만 어지럽게 날아다니고 있었다

산비둘기 한 쌍이 잠시 울고 간 사이
숨을 멈춘 채 온 힘을 다해 들어올리던 역기가
갑자기 눈앞으로 떨어지는 느낌

느릿 느릿 훌라후프를 돌리고 있다
이슬처럼 매달려 있던 한숨들이
튕겨 달아난다

바가지 가득 햇살을 마시던
오래전에 보이지 않던 그림자
다시 보이지 않는다

〈시작노트〉 有口無言

원고가 한참 늦었습니다. 쥐구멍 속으로 들어가고 싶은 마음입니다.

모처럼 비가 내리던 일요일 아침 간월산엘 갔습니다. 낙엽위로 겨울 비가 깔려 산길이 기름칠을 한 듯 미끄러웠습니다. 곳곳에 희끗 희끗 눈이 내려 이가 시리도록 찬 소주를 마시는 기분이 들었습니다.

산속에 있는 동안 내내 많은 생각들이 지나갔습니다. 돌아가신 가족 생각이 마음을 쳤고 이제는 폐족廢族이 된 것만 같은 내 詩들이 안타까워졌고 여기 저기 이상 신호가 오는 몸이 불안하기만 했습니다. 솔직하게 받아들일 것은 받아들여야 한다고 각오했다지만 그래도 아직 더 자신에게 노력해보자는 반성이나 속죄심도 가져보는 시간이었습니다.

동인들께는 미안한 마음으로 소주 한 잔 사

겠습니다.

입은 있지만 드릴 말이 없네요. 건강하시고 좋은 詩로 새해를 맞읍시다.

강영환

잎맥 외 9편

경남 산청 출생. 1977년 《동아일보》 신춘문예 등단. 현대문학》 천료. 시집 『불일폭포 가는 길』 외 다수.
soolsan@korea.com

잎맥

잎에는 견고한 뿌리가 있다
소심한 잎 뒷낯에 새겨진 가지들은
실은 바깥이 보고 싶은 뿌리다

나는 본다 은밀하게 목 말라하던
흘러 온 뿌리가 얼굴에 숨겨있어
뒤뜰 벽오동나무 잎에 그려진 잎맥처럼
뒤집을 수도 지울 수도 없는 오래된
투명한 아버지가 웃고 계시다
윗대 할아버지가 웃고 할머니가 울고
먼 먼 외가 뿌리까지 더하고 더해
몸을 흘러 온 뿌리가 꿈틀거린다
아, 그러다 어쩌면 지워지지 않는 흉터
실핏줄 타고 온 뿌리가 가느다랗게
잎에 얼굴로 숨어가서 뒷날 외손
멀리 가는 뿌리에게 전하기도 한다

손등에 불쑥 새겨진 잎맥을 고스란히

먹어치우는 어린 미소
그 닮은꼴에 푹 빠져
허우적거리는 피 한 방울
웃음에는 실한 뿌리가 있다

다촛점

늘어선 차선 하나가 겹쳐 달아났다
그대 가슴에 쓴 이름이 깨져 읽힌 뒤다
먼 눈, 가까운 입술도 둘로 나뉘어 맞춰내지
못하고
망설이기 일쑤다 언제부터 그래왔을까
알 수 없는 숱한 사물들 외곽에다
맞지 않는 핀트를 위해 초점을 잘게 부순 뒤
흐린 형상들에게 화해를 청했다
거절당한 눈은 혼자 진땀 흘리기 일쑤다
힘에 부쳐 도달하지 못한 초점은 주름져
자꾸만 부서지는 사물들에 갇혀 웅크렸다

젊은 날 예각은 우물쭈물 무너지고
돌출 부위도 의뭉해질 무렵 안개 속으로
숱한 사물들이 슬슬 풀려나 멀어져갔다
내게 온 화해 속으로 흘려보내는 강물이
소용돌이를 멈추고 편안해 질 무렵
게으름이 날아가는 눈 속에서 풍경은

날개 없이 허공을 가르는 종이배를 타고
돌아오지 않고 서로 밀치며
안개속을 떠가기만 한다

명품

물건을 꺼낼 때까지 그는 잡상인이었다
조그맣고 하얀 타원형 판
오이가 채칼 위를 미끄러져 내리고
피막이 팔이나 손등에 붙여졌을 때
쉴 새 없이 달아나는 그를 용서키로 했다
미녀가 쓸 명품이 탄생하는 순간
3호 객실은 미인나라로 떠났다

안드로메다 성운 거기 쯤
무너지지 않는 윤기가 산다
모기물린 데 특효, 기미에 효과 만점…
귀와 눈과 손등을 마구잡이 끌어가
사과나 감자, 배에 갖다 붙이는 말들
잠간의 한 눈도 모아 붙인다
그는 생태학자, 피부를 살린다

싱싱한 여인네가 별을 찾아 몰입하고
볼에까지 붙여진 오이막을

쉽게 떼 내지 못하는 늙은 아내들도
단돈으로 명품을 샀다 별을 꿈꾸며
금세 밝아진 여인들이
요실금으로 젖을 때 그가
출입금지 당한 밖에서 웃었다

생을 찰지게 하는 것들

비 그친 숲으로 난 창을 열어젖히는 것
세상 가장 아름다운 소리로 울고 있는
구봉산 뻐꾸기 목쉰 노래 잠간 듣는 것
강물 흐르는 때론 잔잔한 물결 부드러운
빛나는 살갗을 맨몸으로 유영하는 것
옷 걷어 물살 거센 소용돌이를 건너는 것
흔적도 없이 불타 사라질 제 이름을
나무책상 위에 칼자국으로 새겨 넣는 손이
힘든 것 팽개치고 쉬고 싶은 때가 많아질 무렵
더 선명하게 지나가는 초침소리 듣는 것

화물 가득 싣고 북항에 드는 외항선
남몰래 울릴 뱃고동소리 기다리는 귓바퀴
찌든 때에 절어 세탁기 속에서 말리고 밀려
옆집 선풍기 도는 소리로 정신 차려보다
돌아눕다 눕다 잠간 정신 놓아버리는 것
물이란 물 다 빼주고 바짝 마른 빨래로
줄을 타다 개켜져 옷장 속에 쌓이는 일

꾀꼬리 울음 더 이상 들리지 않고 듣지 않고
숲으로 난 창을 닫는 것 또한 고요해지는 것
그리고 미완으로 남게 되는…숱한 나의 것들
지상에 머물게 하는 안타까움 마구 퍼먹는 일

해후

눈에서 불이 나갔다
양초에 불을 붙였다
방에 빛이 환히 켜졌다
익숙한 길에 잊고 살았던 불씨였을까
따뜻한 손이 내 안 불을 켰다
어디서 만난 적이 있는 투명한 얼굴

그를 잊고 살았던 것은 어둠 때문이었을까
아니면 밝음 때문이었을까 그것도
나를 무겁게 갈아 앉히던
태고의 정적 속에서
허공에 걸린 외줄을 타고
건너편으로 건너가기 위해 웅크린 나날
그는 날아가는 돌맹이의 날개였다

촛불을 간직하고 살면서
불을 붙이지 못한 나날들이
시랍 속에 나를 숨겨 가졌다

어둠 속에서 불을 붙였을 때
이윽고 만나는 투명한 얼굴
대낮인데도 그 얼굴이 밝게 일어섰다
나는 가슴에 불을 끌 수 있었다

가슴에 훈장

단 열매처럼 가슴에 훈장을 달고 산다
술김에도 길 잃지 않고 찾아온 집에
굽어가는 골목길을 치렁주렁 걸고
기름진 음식을 먹고도 체하지 않았기에
생선 대가리를 머리에 꽂고
지리산 종주를 예정대로 끝마쳤기에
천왕봉 하나 허리춤에 걸어놓고
어두운 골목 말 잘하는 개를
옷섶에다 소리 내는 풍경으로 달아
어깨에서부터 허리까지 멋진 자랑으로
무거운 삶을 가득 반짝이고 산다
자랑으로 넘쳐 짓눌린 몸이
출렁거리다 벼랑에 박혀 구부러진
물무늬 화석으로 달라붙어 산다

도피

나는 어찌 안개가 그리운 것이냐
황량한 벌판에 서서 물소리를 엿듣고
속살로 얼굴을 가려주는 안개는
전쟁으로 난 흉터를 숨겨 주었다
짐승으로 변한 눈초리를 가려 주었다
전생에 간직한 험한 기억까지도 잘게 부수어
파편 틈새마다 갈댓잎 나부끼는 강을 끼워
유리창 밖 눈에 고이 간직했다

봄이 오는 거리 독한 체루가스에 취해
끝없이 토하고 콧물 흘리던 때
울지 말라 등 두드려 주던 안개는
불투명한 거리를 지나 어디에 서있느냐?
산골짜기 낮게 뭉쳐 스크럼 짜던 안개는
벼랑 끝에서 추락하지 않았는지
앞장 선 젊은 피가 그리운 것인가
안개는 여태 거리 위를 배회한다

독한 낙엽

길이 묻힌 산문 밖 물 위에
낙엽은 스스로 진다
멍 든 잎을 등에 업고
서산에 저물어가는 노을 속으로
온 몸을 굴러가는 물소리
골짜기에 남긴 발자국이 깊다

넘어지고 고꾸라지고 부딪혀 찢어지고
깨어져도 잠기지 않는 색을 멀리까지
힘들어도 데려가고 싶었을까?
몸 부스러져도 좋은 낙엽은
마음 씀씀이가 소용돌이로 쉬이
바위 틈 새로 빠져 나가지 못한다

저물다 지쳐 물에 든 침상 속에서
흙더미가 서릿발로 한 뼘 높아질 때
독한 잎 진 자리 하늘이 비어
여인 나뭇가지에 싸늘한 시선들

힘 빠진 별이 등 굽어 걸어갔다
잔걸음으로 어둠은 물에 들고
길이 묻힌 낙엽이 홀로 저문다

은행나무 곁에서

도둑고양이 지나간 뒤
저물녘 하늘이 보내오는 숨결에다
몸을 맡긴 은행나무가
불타는 가슴을 쉼 없이 떨어낸다

떠나는 빛이 안타까운 길 위에서
철새 한 마리 들지 않는 저물녘이면
유리창에 부딪혀 되돌아오는 노을이
땅거미 위에 진 노란얼굴을
책갈피 속에 고이 접어 넣을 때
침묵하는 응시를 발자국도 없이
노을이 된 눈빛이 지극하다

천년 하늘을 훔쳐가고 남은 흉터는
안쓰러운 빈터에 발톱자국 긁힌 물결
벌써 맹인이 된 눈이 되어
쉼 없이 떨어지는 그대 가슴 뿐
소리 없이 찾아오는 이슬이 있다

혼자 하는 일에

나는 점점 익숙해져 간다 걷고
밥 먹고, 잠드는 일들 그리고 늘
꼼짝 않는 울 밖 은행나무를 보며
차 한 잔 마시는 일에 몰입할 줄 안다
오지 않는 편지에 답하는 일도
통하지 않는 전화를 거는 일도
누구 조언 없이 잘 참아 낸다
새가 날아와 노래해 주지 않을 때도
기다리지 않아도 되는 편안함 같은
돋지 않은 무수 무수한 잡풀 앞에서
남는 시간을 서성거리지 않아도 된다
누구도 말리려 들지 않는 직립보행
빼근한 목덜미 숙이지 않고 걷는 일에
떨어뜨릴 잎 하나 없는 자유를 갖는다
더 짙고 깊은 잠에 익숙해져 가거나
아니면 더 가까이 갔으므로 애터지게
정한 시각에 잠들지 않아도 된다

〈시작노트〉 아직은 가슴이 덥다

H. 오든은 '예술은 인생이 아니며 또한 사회의 산파역도 될 수 없다. 시는 시 이외에 아무것도 아니다' 라고 말한다.

도시 서민들의 생활 속에서 혹은 산이라는 몸체 속에서 그리고 바다라는 시선 속에서 나는 그들에게 사로잡혀 보기도 했고 그들에게 내 시가 무엇이고 싶은 때가 있었다.

이제 새삼 돌아보며, 내가 가야할 시는 어떤 체형인가를 가늠해 본다. 그렇게 그 무엇을 찾아보려 애쓰지만 '시는 시 이외에는 아무 것도 아니다' 는 말에 결국 동감한다.

시를 그렇게 말할 때 그 속에 스며있는 의미는 무엇이겠는가? 시는 이념적 도구로써 보다는 인간의 근원적 사고활동의 표상일 수밖에 없다. 시를 공부하는 나는 그 점을 새삼스럽지만 단호하게 인식하고자 한다.

시는 '화해의 형식' 이라는 N. 프라이의 말처럼 그 무엇의 진의가 거기에 놓인다. 그래서

얻은 의미가 주제나 소재는 평론가들의 담화를 즐겁게 하기 위한 단초일 뿐이라는 생각에 닿는다. 지금 나는 그 단초를 제공할 능력 밖에 서있다. 좀 더 내가 자유롭기 위해서…

나는 '분노의 시'를 말하고 싶다. 화해의 형식에 반하는 일들이 많아 분노할 수밖에 없음을 여기 덧붙인다. 독자와 함께 그리고 도반들의 건강을 염려한다. 2012년도는 참 아름다웠다.

박구경

골목에서 길을 잃다 외 9편

경남 산청 출생. 1996년 문단 등단. 시집 『기차가 들어왔으면 좋겠다』 외. bugssa@hanmail.net

적막

아스팔트에 낙엽이 밤 불빛처럼 붙어있다

발에 채인 바람이

등짐처럼 커다란 가방을 짊어진 외국인 노동자 뒤로 고양이처럼 튀었다

날카롭게 고양이 사라진 곳

술 취해 하늘을 덮고 누운 자의

울리는 휴대폰 속에서 의문이 피투성이로 끌려가고 있었다

비 젖은 낙엽이 밤 불빛으로 번들거리거나

차가움을 전혀 모른다고 하는 것은 적막이다

딸을 줄 명분으로

만나 주지 않고
애를 먹이며
술집에 나가 있다 하면 산 아래 오솔길에 가 있고
오솔길로 찾아가면 목욕탕
낙엽 길에 비 내리듯
구시렁구시렁
대양 같은 물속만 들락날락

골목에서 골목을 잃다

벼룩시장에서 길을 잃고 막다른 골목을 되돌아 나오니
겨울비가 소름에 돋는 차디찬 거리다

배달 오토바이 탈탈거리며 옷 트럭에 자장면 내려놓고 간 뒤
소주로 굳은 면을 푸는 신문 지면이 아찔하다

반바지에 커다란 운동화를 신은 힙합처럼
피둥피둥 건들거리는 덩치 아이들이 침을 뱉는다

누런 금목걸이를 주렁주렁 단 중년의 사내가 부자로 보이던 것은
연신 흥정도 아닌 반강제 반말 투로
제 부친의 추억이 있다며
만원 지폐를 흔들어 밀고 을러대며 야코를 죽이고 있었기 때문이다

손을 덜덜 떠는 초라한 사내 아버지 유품이다
지금은 초를 다퉈서라도 팔아야만 하는
시가를 모르는 사정상의 한 점 시계

다시 막다른 골목을 되돌아 나오며 이다지 복잡한 게
옷깃이 헤지도록 하루를 사는 사람들을 못 살게 구는
곳곳에 숨겨진 권력의 파급인가 했다

골목 속에서 또 골목을 잃고
생각하는 비위를 재촉하는 건 비바람뿐만이 아니었다

키 높임 신발

그것은 작은 키에 대한 보상의 의미

자폐적 어둠에서 뛰쳐나와
기쁨과 만족으로 익숙해진 걸음

그의 발은 이제 자연스럽다

늘 까치발이어서
뒤꿈치를 들고
고매한 담의 높이와 가시넝쿨장미를
스프링처럼 튀어오르던

그녀와 그녀의 군중 속에도 당당하다

멋진 여자들도 곁에 와 견주고
등 굽어 키 작은 할머니도 우러른다

어깨와 머리 사이 꼿꼿한 기개로

진부한 시

언제나 다정한 동행친구였던 둘 사이에 질투와 미움이 생기기 시작한 건 미순에게 멋진 시가 나타고서부터였다

그들의 밀착이 부럽기만 했던 혜자는 유치하도록 진부한 질시로 그들 사이를 찢기 시작했고

봄에 빼앗기고 여름엔 투쟁하라는 경구를 몸에 지니고 소설반으로 시반으로 또 동화반에 방송국 작가 지망생으로까지 나서봤지만 미순이는 자신의 곁에 있지 않았다

그러던 도중 어느 시낭송회에 내걸린 걸개에 자신에게 쓴 '엄마를 보내고 갑자기 낙태처럼 내게로 온'으로 시작하는 미순의 '내 친구'라는 시를 발견하곤 그대로 주저앉아 펑펑 울기 시작했고

많은 이파리로 하늘을 선선히 쓸고 있는 느티나무 아래 이제 예전으로 고스란히 돌아가자고 울어주는 혜자는 미순이가 밉고도 미웠다 신생아처럼

골목 꺾어 오른쪽 두 번째 국수집엔

이틀 째 내리는 비를 피하거나 맞으며
시장바닥을 번잡하게 지나 유리문을 열고 뛰어 들어서면
거기는 늘 고모의 미소가 있다

안채로 들어가는 문 위 유리 액자 속엔 알던 얼굴들이
사진사의 요구에 따라 저마다 표정을 잡고 있었는데
지금은 인생이라는 식단표가 자리 잡고 있어서

우거지탕 안 팝니다
수육도 이제 안 합니다
가끔 안부나 전하며 살자
국수 먹으러 온 손님들에게 미안합니다

보고 싶고 애가 타는 국수 맛은 이 장맛비에 어찌해야 하는가?

아프기 전에 쓴 이 글들은 다 어디로 흩어졌던가

지게와 작대기와

술이 잔뜩 취한 지게작대기는 어느 날 지게를 떠나 도시의 꽃무늬넥타이가 되었다

소식 한 장 없이 십 수 년 지나서야 가끔 명절날 잔칫날 으스대듯 지게 앞에 나타났지만 지게는 지게작대기를 손에 쥐거나 싸리발채에 실어주지 않았다

그 오랫동안 홀로 남은 지게는 어깨는 내려앉고 무릎은 삭았다 발채는 뭉그러져 지게는 풀 짐의 무게가 힘들어 수렁에 처박히는 자신을 미워했다

시간은 손꼽을 만큼 두드러지거나 훌륭하지 않았다

나비와 나뭇짐을 잔뜩 싣고 오다가도 피 흘리는 이웃의 동생을 짊어지고 면내로 뛰었던 힘과 할머니의 관을 싣고 도랑을 건넜던 설움들이 한꺼번에 몰려

마침내 지게의 늙은 몸뚱이가 불길 속으로 던져졌을 때 지게작대기가 왔다 총동창회를 피

해 고샅을 들어선 작대기는 그저 빈손으로 소리 없이 엉엉 울었다

계단 밑 거미는

지나가는 처녀 셋을 건드렸다
알이 수 천 개다

어두운 계단 아래 신혼 같은 하얀 거미줄로 단장하고
검은 털 많은 다리들을 투망으로 기다리며
하루 이틀 열아흐레 한 달을 기다리고
거리에 닿지도 않는 힘을 뻗어내기도 했다
문을 열거나 발을 냅다 구르면
바짝 긴장하거나 주춤 물러서긴 했지만
습도가 높고 더 어둑한 한여름 밤
짝을 찾아나서 손으로 입을 가리고 몸을 비틀며 수줍은 체 하는
처녀 바퀴와 귀뚜리처녀들을 거미는 기꺼이 맞이했다
잽싸게 낚아채 문을 닫았다
신혼의 방문이 흔들렸다

지나가는 처녀 셋이나 건드렸다
알이 수 천 개다

두 손으로 받들 둥지

집으로 돌아갈 길을 뒤돌아보는 북쪽 산입니다
푸른 솔 사이사이 많은 집들이 벚꽃 잎처럼 날립니다
남의 집들입니다
아는 듯 개 짖는 소리 멀리서 들리고
교회 십자가라든가
집 앞에 나온 사람들이 있습니다
나는 이제
빌려 살고 있는 집 내어주고
마지막으로 살게 될 집을 찾고 있습니다
그 기분은 너에게도 눈물겨울 겁니다
고원
높은 곳에 누운 나무들은 키들이 점점 작아지고
바람은 방파제를 치듯이 거세게 웁니다
그것뿐
그곳에서도 사람의 말은 들리지 않을 겁니다
풍경 살랑살랑 울고 둥지는

햇살 바르고 하얀 포대기처럼 아늑한 곳이어서
가지런한 두 발
공손한 몸
마음과 눈물의 두 손으로 소중히 받드는 둥지겠지요
매일 보고 인사하는 마을 사람의 한 사람으로
집으로 돌아갈 길을 뒤돌아보는 북쪽 산입니다

창 안에

닭을 삶고 있다
오래된 책 냄새가 났다

겨울 초입

머무르려는 것이
떠나갈 것을 붙들어 두고

모포 몇 장이
오래된 자신감으로 깊숙이 앉아있다

창밖을 향한 두툼한 돋보기

〈시작노트〉 짧은 시는 어렵다

1.
멸치 몇 마리로 국물을 내
국수를 말아 먹는다.

국수 속엔 국수를 닮은 이야기가 있고
그 사람들이 있고
그 사람들의 그 사람들이 거듭 얽혀있다.

국수.
짧고 긴 생명의 이야기들처럼.

2.
쓸수록 어렵고 힘든
시의 본령.

자르고 토막 내고,
겹쳐진 의미와 말들을 거둬내고.
너무 짧아져

여백의 미에 낙서하고픈
짤막한 또는 한줌.

뭘 하자고 처음 생각했던가?
촌철살인.

나이 먹어가며 하나씩 버리고
정리하는 것과 같이.

박정애

참깨 외 9편

부산 출생. 1993《국제신문》시당선. 97년《경향신문》시조 당선. 시집『가장 짧은 말』외 다수.

jjaturi@hanmail.net

참깨

불보살 울할매 무슨 용빼 재주로
12만斤 에밀레종 허공중천 번쩍 들어 올려놓고
무궁무궁 맑고 깊은 천공 거기가 어디라고
용마루 종루를 매고 신라범종을 울리시는지

손톱 밑 가시 엄지와 검지 사이 삼 세 알 집어
나는 새 기는 짐승이 먹고 나머지 한 알로
양수겹장 빌고 빌어 장독대만이 자라 팔만사천
경전을 옮아맨 정신줄 그러잡고 오르는
아흔아홉 마지막 한 송이까지 공명하는

영혼의 난장거리 거기가 어디라고
소리의 길로 들어선 무용의 날 바람
종매를 들고 찬찬 감아 싸매둔 구천뼈마디
하나하나씩 헤아리는데

다 잡았다 놓친 물고기 한 마리 맴도는 머릿속
과거, 청백색전화선 뒤엉킨 기억을 더듬어 가면

설거지구정물로 쉽게 버린 일상의 수치
석삼년 묶은 마음의 때도 벗고
저울추같이 꼿꼿한 대궁이 올곧고 참되라
손자종아리 치듯 살살 때리는 매

사랑 때문에 미치고 환장한 열망의 시간,
가슴과 머리에 들어있는 그것
죽비로 내리치는 아아, 저 깨알의 말씀이
법문입니다 진짜배기 참 나가
저기 있습니다

티브이가 나를 본다

너무 낡았다 권고사직 당한 몸이
수십 년 차지한 안방을 후처에 물려주고
종일 경비실 모퉁이 퍼질러 앉은 망령든 노인
한뎃잠 밤이슬 맞은 얼굴로 빤히 본다
폐기된 영혼이 귀신처럼 나를 본다
이미 전처 택호 물려받은 티브이가
식구들 한자리 불러 앉혀놓고 길들이는데
주파수가 척척 맞아떨어지는데
중세 고전적 사고가 아날로그 디지털을 건너
부처님 손바닥 같은 그것이 내 손 안에 있어
쥐락펴락 맘대로 주물러대는데
윤허 받은 목숨이란 사글세 같아
타들어가는 생의 도화선 얼마나 남았는가
시곗바늘 초침소리 쿵쾅거리는 심장으로
내가 나를 만들고 내가 나를 파멸하는 생체
아침이면 세상을 향해 나가는데
내 그림자에게 미행당하는 난 아직 살아있는 것이냐

저를 돌아선 배반의 등짝 말없이 바라보는 눈
버려진 곳에서 주인을 기다리는 유기견
그 눈빛 같은 정물이 수거되고 없다
그가 사라졌다 어디로 갔을까
아뿔사!
내가 무슨 짓을 한 거야

지는 건 꽃이 아니야

힘이란 시간과 돈처럼 써야 생기고 비워야
채우는 거쯤은 들은 風

써야 할 데가 따로 있지 범사에 빚진 者, 숨어
있는 악마가 귀엣말 속삭이지 괜찮아, 괜찮아
간질간질한 카드 간지러운 건 긁어야 돼 박박
피가 배게, 뒷감당? 그 웬수 대신 갚아 줄게 서
로 내 돈 써, 써라 거저 줄듯 문자 오잖아
아랫돌 빼 윗돌 괘

드는 칼로 저민 동백꽃 송이송이 제 생모가
지 뚝뚝 따 내리는 척살, 딴은 꽃의 자존심이
라 웃지만 웃으며 죽을 수 있는 참 도도한 너

떨어진 주가보다 하루아침 땅에 떨어진 저
가련하고 민망한 이름들, 꽃이 아니라 딱 잡아
떼지 양심이란 향기보다 진한 말, 지는 꽃과
떨어진 낙엽의 낭비는 소빈가 생산인가 누구보

다 더 잘 아는 너

소가 사람이 싸우라 해 싸우는 건 소싸움이 아닌 사람 싸움이란 건 저것들 먼저 안다 그러나 힘이란 정을 맞으면 맞을수록 더 곱게 웃는 돌부처, 아무리 맷집 좋은 복서도 매엔 장사 없고 맞다보면 때릴 때도 있어 골 때리게 딱 맞아 떨어지는 건 꽃

참, 다행이다

파안대소 웃는 꽃은 왜 소리가 들리지 않지
소리 내지 않는 건 듣는 귀가 밝아
나무와 풀과 꽃의 귀로 경청하는데
밤이슬 내린 논두렁길 걸어가는데
띄엄띄엄 연판장 돌리는 개구리소리 온 들판이
솥 밑구멍이 쑤욱 둘러빠지게 주고받는
바통주자들 온밤을 달리는데 막, 떠오른 달
다국적 만국의 달을 누가 두개골로 종을 쳐
울리나
달의 소리가 대낮처럼 희다
바람 속을 달리는 나무들 비릿한 생육의 발
자국소리
마음이 마음을 만난 침묵의 소리
풀과 꽃과 새들의 말, 세상소리란 소리 다 듣고
그래그래, 바로 그거야 무릎치고 소통한다면
오늘 밤 나는 꿈꾸지 않겠지만
잠들지 않는 바다가 제 가슴 치는데
내 안에 무엇이 와장창 소리를 낸다

아아, 참 다행이다

몽돌이 되기까지

섬과 섬을 연결한 연육교 지나 도항선 타면
내도 외도 내외 없이 번나드는 거제바닷길,
이제 지상의 섬들은 사라졌다
찰락찰락 섶도리 들이치는 새벽 쪽빛
그럼 그렇지, 갯가에 살아남으려면 물때 따라
납작납작 엎드려야지
벌목장 나무도 누울 자리보고 쓰러지는데
채석장 돌 캐는 소리로 쪼고 쫀 햇살 아래
파도는 밴댕이, 숭어같이 펄떡거리는 소가지
휘딱 뒤집어 다시 굽는데
밀물썰물에 씻기고 비바람 설장구 모가 닳은
고만고만 또래끼리 그렇고 그런
못난 것들끼린 당당해 너무도 당당해
너도 새까맣고 나도 새카매서 누가 누군지
통성명 낯가림도 안하는데
그래그래, 짱돌보다 뺀질뺀질 빤댓돌보다
올망졸망 크건 작건 작으나따나 서로 보듬고
틈새 끼어서라도 이 앙다물고 살아야지

그럼에도 다만 이 바닥에선
암만 굴러먹어도 뿌리 없이 굴러온 온 것보다
박힌 돌이란 그 몹쓸 난전 돌상놈 때문에
너보단 내가 불편한 것이다

물건리勿巾里에서

그 참, 물건이란 건 풍문으로 들었지만
불끈, 솟구칠 힘 실은 황소잔등 산세 모양이 어쨌건
여기선 일단 모자를 벗어야 한다
바다를 영접하려면 일렬횡대 방풍림처럼
거수부터 척 올려붙여야 한다
무림고수 옆구리로 빼낸 시퍼런 칼
수평선에 턱을 괸 적장 모가지 쓰윽 벤
붉은 핏물 검게 저무는 밤
들어갈 순 있으나 나올 수 없는 문무관
가부좌 튼 선승 주장자 길게 질러 꽂은
수평선 빗장 새벽닭 홰치듯 쓰윽 뽑아 던지고
하얀 고요를 푸르게 물들이는 바다는
뱉은 말 주워 담기 여념이 없고
온갖 수사로도 닿을 수 없는 영원 끝에서
누워야 소리가 나는 거문고 술대를 들고
설겅설겅 바다를 켜는 먼 원양의 소리
정중히 경청해야 한다

오랜 날숨 끝에 맞물린 푸른 톱니바퀴
찰그락찰그락 수레를 끌고 오는 바다와
하늘의 경계에 선 나무들 목울대로 차오르는
산소발전소 수차를 밟고 가는데
거친 숨 오랜 발걸음에도 닿을 수 없는
허공을 떠받친 어둠은 공평하여
검푸른 죄는 죄로써 면천되고
초록이 초록에 취해 자유로운 것들이
자유를 모르는 완전무결한 숙취로
쭉쭉 뻗은 가지들 어촌계를 대변하는
뒤태가 고요하다.

틈, 그리고 사이

생을 품은 건 껍질이 있고
안팎 없이
꽉,
맞물린 표리의 경계
선과 악, 생과 사
여자 아님 남자
밤과 낮

이건 쥐도 새도 모르는 일급비밀인데
밤과 낮 사이에 쥐와 새 사이에 태어난 박쥐가
버선목처럼 세상을 거꾸로 뒤집어본다는 사실
그것도 모르는 노린재는
밤낮 그 짓이라니

누에가 야금야금 맛있게 갉아먹은 뽕잎이 실은
지구인 줄을 모른다는 거
새도 함부로 날지 않는 허공 달이 오르고
달과 나 사이 거리는 여기서 거기

하늘과 바다가 맞물린 곳 잣대로 수평을 긋고
해가 대가릴 드밀고부터 틈이 난 건데

파도는 밤낮주야 돗바늘로
듬성듬성 바다를 깁고 있다

앵무새 말 배우기

누가 먼저 돌을 던졌건
아, 다르고 어, 다른 말의 선후야 어찌 됐건
토씨 하나 안 틀리고 따라붙는 놈한테
육두문자 욕질하다 제 풀에 복장을 친다
눈도 깜짝 안하는 앵무새란 놈한테
되로 주고 말로 받는 말의 상처란
주는 것보다 받는 게 더 많을 거란 건
앵무새가 먼저 안다

벌판을 가로지르거나 길거리 외고패고
소리소리 질러도 부끄럽지 않은
노래도 울음도 아닌 존재의 소리로
제 말을 할 뿐인데
변명하자면 저와 내가 혐의와 단서
주파수가 맞지 않은 까닭

돌부리 걷어찬 발부리 들고 우는 사람아
내 상처가 두려워 너에게 준 상처가

준 것만 기억하고 받은 건 기억하지 않는
사람이라 빚지고 산 은혜보다 꼭 갚아야 할
불구대천원수를 찾아 헤매는 검객처럼
내 안에 나를 찾아 헤매는 사람아

초록 테라피

산그림자 둘둘 말아 쥐고 靑대숲이 달린다
초록소나기 산을 넘는다

물비린내 버무린 초록바람이 창세기 숲에서 향기와 노래로 사는 숲의 제국에선 초록은 동색이라 한 곳을 바라보는 저것들 모두 생명의 신을 향해 있고 우리 모두 태양계 식물이라 공평하니 촘촘한 나뭇가지를 보지 말고 숲을 보라고 풀을 보지 말고 초록을 보라고 이전의 풀과 그 이후의 들풀까지 대항할 수 없음을 경고하는데 서슬 푸른 저것들에게 무한이란 자유를 윤허한 산은 자라지 않고 나무만 키우는데 나무란 제 그늘만큼 뿌리를 가지고 땅속 깊이 그 처음에 가 닿고자 허공을 갈퀴질하고 선 저 노거수 몸 속 나이테에 잠든 수많은 신들이 나무속 붉은 온기로 뱉어내는 잎사귀들 순결한 부리로 지저귀는 소리란 형용사 부사 은유 상징 한유이 소리라고 소리에도 무게와 무늬와 긴이

와 폭이 있어 그걸 선율로 조율하는 건 바람이
아닌 나무의 내공이라고 바람이 불고 천둥번개
가 치는 건 어디선가 그분이 땅을 치며 울기
때문이라고

정령 발자국소리까지 들릴 초록고요를 밟고
선 저 나무들 몸속에 오래된 축음기가 있었네

금연기

개나리 진달래가 피는 건 봄날이었다
식물도감에도 없는 흰 구름꽃
몰래 숨어 피우는데 후후 불어 피우는데
들끓는 용광로심장 어루만져 달랜 푸른 수면
흰 조각배 하나 띄우고 노 저어 가는데
마음에 꽃 피우는데 하얀 바람피우는데
숨어 웃는 악마여 들끓는 치정이여
왜 이렇게 전방사위가 불편한 것이냐
왜 이렇게 외롭고 처량한 것이냐
지명수배 담벼락 아래 돌아선 완전범죄
숨기고 산 연애는 끝나지 않고 사무치게 그리운
이 몹쓸 간절함이란 침 뱉은 우물이라
오래된 불륜은 미련보다 서글픈
애인 전화를 끊고 흘러가는 건 뒤를 버리고
장도에 오른 새는 울지 않는다고 혼자 말했다
머리꼭대기 올라앉은 달이 웃었다

〈시작노트〉 형상이 없는 존재의 신비

감나무 그루터기에 우려낸 멸치 다시마 고등어 오징어 내장 대가리 온갖 정짓간 찌꺼기 버렸더니 상강처서 지난 감나무 아래서 쳐다 본 하늘에 동해바다 푸른 물결이 펄럭인다. 새벽잠 깨우는 목탁새소리로 공복의 내장을 타고내리는 산물소리가 난다.

눈물겨워라. 맑고 깊은 허공의 아득함이란 왜 이렇게도 서러운지. 눈길이 가 닿지 않는 미지의 세계에서 들려오는 신비의 근원적인 그리움이거나 형상이 없는 존재의 신비를 찾아 헤매는 詩의 구도는 아닌지.

바다가 키우는 감나무는 오져서 가지마다 주정발이 졌는데, 들고 있으니 무겁고 놔버리니 가벼워지는 것들이 편안하다. 살면서 살아가면서 어쩔 수 없이 수용하고 인정할 것들이 많아지면서 조금씩 가벼워지는 것 같다.

무거운 건 화두라 내려놓고 털어버린 것들 모두 필시 뭐가 되고 뭐가 되어 바다로 갈 것인데 둘러보고 살펴보면 세상모두 '하나 됨'이라 참 신기하다 싶은데 엇따, 이게 뭐꼬? 뚝, 떨어지는 감, 그저 먹는 감을 참 맛 있게 먹는데 난데없는 까마귀

까아악 깍,
아하! 한 소식 했다 이거지.

오정환

주역시편 10편

부산 출생. 1981년《한국일보》신춘문예 시 당선. 시집 『노자의 마을』 외. jpoemh@yahoo.co.kr

주역시편
—수뢰둔

태초의 하늘
캄캄한 어둠을 뚫고
천둥소리 사이로
쏟아져 내리는 빗줄기

오래토록 단단하게
얼어붙었던 땅 속까지
번쩍번쩍 우레 스며
흔드는 숨결

바람결에 빛나는 햇살
비 그치고 아침이면
봄 맞은 새싹 한 잎
꿈틀 살아나는 벌레들

주역시편
—산수몽

산 아래
샘처럼 솟는 물
물은 지혜의 소산

숨겨진 옹달샘마다
어리는 마음의 문

어리석음 열고 일깨워
하늘과 바람 해와 달
스스로운 깨달음

먼 길 향하는
첫 출발의 발걸음
겹겹의 수많은 계단들

주역시편
—수천수

하늘에 떠오른
검은 먹구름

나부끼는 빗발
조금씩 젖어드는 대지

세찬 바람 앞길 막아도
지금은 느긋한 마음으로
기다려야만 할 때

두터운 믿음은
빛나는 시간의 정신

맛있는 음식 조리처럼
훌륭한 인재도 성장도
오직 기다림에 있는 것

주역시편
—천수송

저 홀로 푸른 하늘
시퍼렇게 날 세운 물

맞추어 조화롭지 않은
완강한 뜻과 험난한 기세

서로 다른 길 가는
어긋남과 반목의 다툼
스스로 불붙는 재앙

마음 가라앉혀
경전 다시 읽으며
쉬이 소송하지 말 것

막다른 골목 다다라
시시비비 가려야 할 때도
우선 양보하고 볼 것

주역시편
—지수사

땅은
만물생성의 자궁
물은
자궁 율동의 씨앗

땅 아래 고인 물
많은 사람 모여
집단 이름의 의미

최초의 전쟁은 식량
싸움 위한 모임은 군대

집단지휘의 장군은
용장 지장보다 덕장
그 냉철한 공명정대

주역시편
—수지비

위에는 물 아래는 땅
땅 위에 넘쳐흐르는 물

물은 낮은 곳으로 모여
도랑 지나 냇물 이룸은
뜻을 같이하는 사람들
그 끈끈한 동지애와 결속

수지비는
협력과 친화라지만
남 이해하기 위해서는
나 자신 알기 먼저

먼 길 돌아
자기성찰 치른 후
도도히 흘러가는 물

주역시편
—풍천소축

흐린 하늘 헤치며
불어 닿는 바람

하늘은 우주의 본연
바람은 하늘 뜻 따라
이동하는 힘의 원천

빽빽한 구름사이
떨어지는 생명의 빗발

지상 귀한 빗물의 저장
고여 모인 저축의 의미

검소와 절약마저도
이미 하늘의 뜻

떨어지는 한 방울의 물
오롯한 빗물의 가치

주역시편
—천택리

푸르른 하늘
새파란 연못
하늘 아래 저수지

뚜렷한 상하분변
지엄한 하늘의 뜻
따르고 밟음의 실천

제대로 다가감은
언제나 머리 숙이는
예절의 실행

교만한 부자보다
가난한 예의의 발끝

주역시편
—지천태

따사로운 봄날
완벽한 조화의 음양
새로운 질서의 창조

아래의 천기는
본연인 위로 향하고
제자리로 내려오는
상위의 지기

막힌 담장 꿰뚫는
푸르른 소통의 바람

새 소리 벌레소리
모두 사랑의 화음

잎새마다
싱그러운 가을
기약하는 실과의 눈

주역시편
—천지비

하늘의 억누름
숨죽인 땅의 곤혹

속은 부드럽고
겉만 강하고 사나움
사귀지 못함의 천지
불통하는 만물

아닌 길 행하여
구부러져 바름 없고
옳고 큰 것 버리고
취함은 왜곡과 작은 것

남 탓뿐 자신은 몰라
갈린 뜻 타협 없음은
아래 위 꽉 막힌 고집

〈시작노트〉《주역》을 보면서

〈주역〉은 우주변화는 물론 자연과 인간 삶의 길잡이로 동양고전 최고最古의 철학서이다. BC 2800년경 복희씨가 처음 8괘를 그린 것으로부터 시작되었는데 건은 하늘, 곤은 땅, 감은 물, 리는 불 그리고 우뢰를 상징하는 진, 바람은 손, 산은 간, 못은 택, 이 8괘가 다시 거듭 펼쳐져 64괘로 발전하였다.

주나라 문왕이 64괘의 괘를 풀이하여 '괘사'를 썼고 아버지의 뒤를 이어 주공이 6개의 효爻에 각각 '효사'를 붙여 현재에 이르렀으며, 공자는 나이 50에 주역에 심취하여(韋編三絶) 최초의 해설서를 남겼다. 이 책은 주역의 이해를 돕는다는 뜻으로 '십익十翼'이라 하였다.

64괘가 담긴 괘사, 효사, 단전, 상전, 문언을 보고 현대에까지 꿰뚫어오고 있는 순환철학의 그 위대한 고리와 매듭을 괘상을 통하여 고민하면서 진지하게 천천히 풀어 보고자 한다.